Seu Filho e a Astrologia
PEIXES

Maite Colom

Seu Filho e a Astrologia
PEIXES

Tradução
Claudia Gerpe Duarte
Eduardo Gerpe Duarte

Editora Pensamento
SÃO PAULO

Título original: *Tú y tu Pequeño Piscis*.
Copyright © 2012 Atelier de Revistas/Maite Colom. www.ateliermujer.com.
Direitos de tradução mediante acordo com Zarana Agencia Literaria.
Copyright das ilustrações © Thinkstock.
Copyright da edição brasileira © 2016 Editora Pensamento-Cultrix Ltda.
Texto de acordo com as novas regras ortográficas da língua portuguesa.
1ª edição 2016.

Todos os direitos reservados. Nenhuma parte deste livro pode ser reproduzida ou usada de qualquer forma ou por qualquer meio, eletrônico ou mecânico, inclusive fotocópias, gravações ou sistema de armazenamento em banco de dados, sem permissão por escrito, exceto nos casos de trechos curtos citados em resenhas críticas ou artigos de revista.

A Editora Pensamento não se responsabiliza por eventuais mudanças ocorridas nos endereços convencionais ou eletrônicos citados neste livro.

Editor: Adilson Silva Ramachandra
Editora de texto: Denise de Carvalho Rocha
Gerente editorial: Roseli de S. Ferraz
Preparação de originais: Marta Almeida de Sá
Produção editorial: Indiara Faria Kayo
Assistente de produção editorial: Brenda Narciso
Editoração eletrônica: Join Bureau
Revisão: Vivian Miwa Matsushita

Dados Internacionais de Catalogação na Publicação (CIP)
(Câmara Brasileira do Livro, SP, Brasil)

Colom, Maite
  Seu filho e a astrologia: peixes / Maite Colom; tradução Claudia Gerpe Duarte, Eduardo Gerpe Duarte. -- São Paulo: Pensamento, 2016.

  Título original: Tú y tu pequeño piscis.
  ISBN 978-85-315-1928-4

  1. Astrologia 2. Astrologia esotérica 3. Horóscopos 4. Zodíaco I. Título.

16-01435   CDD-133.52

Índice para catálogo sistemático:
1. Signos do Zodíaco: Astrologia   133.52

Direitos de tradução para o Brasil adquiridos com exclusividade pela
EDITORA PENSAMENTO-CULTRIX LTDA., que se reserva a
propriedade literária desta tradução.
Rua Dr. Mário Vicente, 368 – 04270-000 – São Paulo – SP
Fone: (11) 2066-9000 – Fax: (11) 2066-9008
http://www.editorapensamento.com.br
E-mail: atendimento@editorapensamento.com.br
Foi feito o depósito legal.

Sumário

Como é o seu filho pisciano?	7
Conheça melhor o seu pisciano	11
Seu caráter	15
Sua aparência	17
Ele gosta de andar na moda?	17
Como ele é na sala de aula?	18
O que ele gosta de comer?	18
Esportes e *hobbies*	19
Seu futuro profissional	20
Como você se relaciona com o seu filho pisciano	21
Se você é de Áries	22
Se você é de Touro	24

Se você é de Gêmeos 26
Se você é de Câncer 28
Se você é de Leão 30
Se você é de Virgem 32
Se você é de Libra................................. 34
Se você é de Escorpião 36
Se você é de Sagitário 38
Se você é de Capricórnio 40
Se você é de Aquário.............................. 42
Se você é Peixes 44

Como é o seu filho pisciano de acordo com o horóscopo chinês 47

Se o seu pisciano é de Rato 49
Se o seu pisciano é de Boi....................... 53
Se o seu pisciano é de Tigre..................... 57
Se o seu pisciano é de Coelho 61
Se o seu pisciano é de Dragão 65
Se o seu pisciano é de Serpente 69
Se o seu pisciano é de Cavalo................... 73
Se o seu pisciano é de Cabra.................... 77
Se o seu pisciano é de Macaco.................. 81
Se o seu pisciano é de Galo 85
Se o seu pisciano é de Cão 89
Se o seu pisciano é de Javali 93

Como é o seu filho pisciano?

♓

A criança do signo de Peixes gosta de receber e dar muitos mimos, é sorridente, carinhosa e muito sensível, ainda que tenha certo ar de timidez. Graças à sua extrema sensibilidade, ela precisa de muito mais afeto do que qualquer outra criança. A criança de Peixes ficará encantada com os mundos fantásticos, cheios de duendes, fadas e universos mágicos, e não estranhe se a vir falando com a parede, como se estivesse sorrindo para um ser imaginário, desde bem pequena. Ela tem uma imaginação prodigiosa e é muito perceptiva e intuitiva.

Ela é um pouco diferente das outras crianças porque não costuma gritar nem provocar escândalos, mas às vezes pode soluçar (ou talvez chorar) sem motivo aparente, no entanto isso faz parte da sua personalidade hipersensível e extremamente perceptiva. Ela tende a dormir tarde e a desordem costuma sempre acompanhá-la. Não se acostuma facilmente a horários nem a rotinas. De fato, ela quer comer quando tem fome, dormir quando sente sono e não porque o relógio está dizendo o que ela deve fazer. Talvez você tenha de se acostumar a isso.

Ela consegue se entreter durante horas com pouca coisa em virtude de sua poderosa imaginação. Necessita de espaço para ficar sozinha e tranquila. Essa criança sempre irá ajudar os mais fracos, compartilhará seus brinquedos e terá uma sensibilidade especial para tudo o que for artístico. Você logo a verá pintando e falando.

Conheça melhor o seu pisciano

♓

Compassivo, modesto, sensitivo, paciente, altruísta, hipersensível, tem um grande potencial criativo e é muito receptivo. É um pacifista nato. Tem uma imaginação e fantasia poderosas, é criativo e artístico. Pode ter sonhos premonitórios ou prever acontecimentos futuros. Também sabe o que os outros estão pensando, os problemas que eles têm, percebe telepaticamente os sentimentos e a disposição de ânimo deles e consegue sentir empatia por todo mundo. Isso, no fundo, lhe causa tensão, e ele sabe que nadar, ou estar perto do mar, o acalma muitíssimo, bem como os mundos fantásticos e mágicos que encontra nos livros.

Sabe escutar muito bem os problemas alheios e sabe como resolvê-los; no mínimo, consegue acalmar as pessoas. Por ser extremamente bondoso e compreensivo, o seu lema é "ajudar, ajudar, ajudar". Costuma ter mudanças de humor visíveis e súbitas, já que é muito receptivo e absorve as emoções que estão à sua volta, e isso pode dificultar as suas decisões ou fazer com que ele perca a conexão com os seus verdadeiros desejos. Ele também pode se deixar arrastar pelos outros com excessiva frequência. É muito querido graças ao seu caráter carinhoso e amável. Tem um excelente senso de humor. Por fora, ele pode parecer muito determinado e decidido, mas por dentro costuma ser um mar de dúvidas, e por isso dá o braço a torcer com muita facilidade. Ele desliza como um peixe sem se fazer notar, é místico, imaginativo, artístico; às vezes, hiperativo, e outras vezes, abatido. Ele dá tudo pelos outros, mas, se ocorre alguma confusão, desaparece do mapa como se fosse mágica. Frequentemente devaneia ou parece estar em outro planeta.

♓

Seu caráter

GOSTA: dos temas artísticos e espirituais, dos livros de mistério ou de fantasia; que o mimem muito, que falem com ele e que estejam à disposição dele.

NÃO GOSTA: de críticas, tanto as dirigidas aos outros quanto a ele próprio; de presunção, do que é vago, da falta de sensibilidade.

ASPECTOS NEGATIVOS: preguiça, inconformismo, desordem, vitimação, introversão, autoengano, indecisão.

CONTRASTES: simpático, porém irascível; empreendedor, porém desligado.

CORES: azul-claro, turquesa, violeta.

ANIMAIS COM OS QUAIS SE IDENTIFICA: camaleão, golfinho, baleia, estrela-do-mar, unicórnio e o Pégaso.

PEDRAS: água-marinha, turquesa, topázio, safira.

PLANETAS: Netuno, Júpiter.

♓

Sua aparência

Cabelos ondulados e sedosos, abundantes e escuros. Olhos grandes, profundos, que se destacam. Lábios bem desenhados e sensuais. Rosto arredondado ou amplo, carnudo e pálido. Pele muito suave. Corpo com tendência a ter formas arredondadas, de estatura mediana. Mãos de pianista. Parece que flutua em vez de caminhar, e, às vezes, o seu andar é instável e os seus gestos são imprecisos.

Ele gosta de andar na moda?

Segue muito as tendências e é elegante, gosta de ser visto e adora comprar roupas e acessórios. Pode usar trajes chamativos e com estilo, normalmente folgados. É muito cuidadoso com a roupa e especialmente com os sapatos; tudo com ele pode durar uma eternidade. Gosta de se trocar com frequência, até mesmo várias vezes por dia. Como ele cuida excessivamente dos seus pertences, pode ter um monte de roupas no armário que não usa.

Os tons que mais o favorecem e que ele mais usa são os de violeta, o turquesa e os tons marinhos...

Como ele é na sala de aula?

É um pouco difícil para ele ser disciplinado e fazer as coisas em um horário fixo, porque não se adapta muito bem às imposições e às rotinas. Ele pode complicar em excesso um assunto fácil, apenas por não gostar dele ou não entendê-lo, ou ainda porque o estão impondo da maneira errada (ou pelo menos é o que ele acredita). Nas aulas, certamente prefere se ocupar com qualquer coisa antes de fazer anotações. Ele precisa ser constantemente estimulado e chegará longe se realmente tiver bons professores. É cuidadoso na apresentação dos trabalhos, mas às vezes não demonstra entusiasmo durante a aula e fica pintando ou desenhando. Depende excessivamente dos outros.

O que ele gosta de comer?

É difícil acertar a comida adequada para um pisciano, já que ele tem frequentes alterações de humor, e aquilo de que gostava ontem, não gosta mais hoje. Ainda assim, mesmo que você lhe sirva um prato que não esteja entre os preferidos dele, seu filho comerá sem reclamar; depois, inclusive, lhe dirá que estava ótimo. É muito difícil entender os piscianos… De vez em quando, ele pode passar por fases de falta de apetite, mas normalmente come de tudo. Gosta de peixe empanado, frango, arroz com tomate, massas, iogurtes e queijos…

Esportes e *hobbies*

Ele gosta dos esportes aquáticos ou artísticos. Não é nada competitivo e não suporta os desafios ou as rotinas. Pratica esporte quando tem vontade. Se os amigos o motivarem, ele se inscreverá com eles sem hesitar, embora a troco de nada resolva sair às escondidas. Ele precisa que o animem e estimulem. Os trajes esportivos são muito importantes para ele, já que ele precisa estar cercado por beleza e harmonia. Um esporte "solidário", no qual ele pudesse colaborar e ajudar, combinaria bem com ele. Ele adora a água. Os seus esportes favoritos podem ser: dança, pilates, yoga, mergulho, basquete, natação e os esportes aquáticos em geral. Seus *hobbies* podem ser o desenho, os idiomas, a pesca, a leitura, a pintura e a modelagem. Ele também gosta de sair com os amigos para fazer compras ou ir a um caraoquê.

Seu futuro profissional

As profissões mais adequadas para quem nasce sob o signo de Peixes são: enfermeiro, médico, administrador de empresas, artista e romancista. Ele pode se sentir atraído pela arquitetura ou pelo turismo. Possui grandes dotes artísticos e poderia ter êxito nessas profissões. Muitos piscianos são bailarinos, músicos, atores, mímicos, ilusionistas, fotógrafos, cineastas, pintores, poetas, escritores, cabeleireiros, videntes, pescadores, ocultistas. Ele precisa de uma profissão que lhe permita isolar-se e, de vez em quando, ajudar os outros.

Como você se relaciona com o seu filho pisciano

Se você é de Áries

Você é extremamente dinâmica, forte e resistente, generosa e, às vezes, hiperativa. Parece que exige muito do seu filho, não tem medo das queixas ou faniquitos dele e só deseja o melhor para ele. Você tem muita energia, nunca se cansa de repetir várias vezes as mesmas coisas. Defende intensamente o seu filho e sabe resolver com doses de realismo os pequenos problemas dele. Você tem grandes expectativas e, às vezes, é difícil de agradar. Você é uma mãe dedicada, disposta a tudo para que o seu filho se sinta bem. Porém, acima de tudo, você incentiva o seu filho a ser independente, a não precisar de ninguém.

Você o ensina naturalmente a ser autossuficiente, independente, batalhador e ao mesmo tempo responsável.

Você pode ter um pouco de dificuldade para entender as mudanças de humor tão frequentes do seu filho pisciano. Ele é uma criança hipersensível, amante da paz, e um pequeno grito pode afetá-lo, assim como uma mínima mudança ou alteração no ambiente. Pode ser difícil para ele acompanhar o seu ritmo, e ele exige o dobro do afeto de que as outras crianças necessitam. Ele precisa de constantes demonstrações de carinho, embora, de repente, possa se isolar. Não se preocupe porque isso é normal nele.

Combinação Fogo/Água:

O elemento Fogo não costuma ser compatível com o elemento Água, porque neste tudo flui por dentro. A relação não será fácil, embora você deseje isso intensamente. A mãe do signo de Fogo não compreenderá as manhas do seu filho do elemento Água, e ele achará que você é muito ativa e exigente demais.

Se você é de Touro

Você é disciplinada, cuidadosa e tranquila, econômica, e está sempre pensando no dia de amanhã. Nunca faltará nada na sua casa, nem para o seu filho nem para os amigos dele. Você talvez seja um pouco possessiva e excessivamente protetora com relação a ele, e é difícil fazê-la mudar de opinião. Você se importa muito com a educação do seu filho e pode pressioná-lo em excesso. Além disso, você é persistente, a sua paciência é infinita, à prova de bombas e chiliques. A sua casa precisa estar arrumada e o quarto do seu filho também, senão o seu mau humor se fará presente. Você defende os seus contra tudo e todos.

Você ensina naturalmente ao seu filho valores como a perseverança, a paciência, o amor pelos animais e pela natureza, e o ensina a valorizar as pequenas coisas da vida.

O seu filho é tranquilo e sensível, e você sabe lhe dar todo o amor, a segurança e o apoio incondicional que ele precisa. Além disso, você sabe como ninguém fazer com que ele ponha os pés na terra, já que é uma criança muito imaginativa e inclinada a fantasias. Ele tem dificuldade de se adaptar às rotinas, mas você o compreende e lhe passa o bom senso que às vezes lhe falta. As mudanças de humor repentinas dele a deixam irritada, mas fazem parte da natureza de seu filho.

Combinação Terra/Água:

É uma combinação totalmente compatível. Mãe e filho se entenderão muito bem, inclusive porque quando um reclamar, pedir ou exigir, o outro cederá, e logo o inverso acontecerá. Sabem complementar-se e dar muito carinho um ao outro. A Terra transmite uma grande sensação de segurança à Água.

Se você é de Gêmeos

Você é divertida, falante, inquieta e agitada. Você é sociável e gosta muito de ficar ao telefone e de falar sobre qualquer assunto com o seu filho, esteja ele onde estiver. Você gosta de rir e dará boas risadas com as brincadeiras do seu filho, e é provável que se junte a elas. Adora sair para fazer compras com o seu filho, e para ele você é uma mãe bastante *fashion*. Parece que você o deixa fazer tudo, mas você tem um código de ética muito rígido, de acordo com o qual há coisas que você não aceita com facilidade. Por sorte, o seu filho pode falar com você a respeito de tudo, a qualquer hora, o que alimenta a confiança entre vocês.

Você ensina naturalmente o seu filho a se comunicar, a saber se impor, a negociar, a compartilhar ideias e experiências com todo mundo sem julgar ninguém.

O seu filho pisciano é hipersensível, intuitivo e tem um admirável dom artístico que você não hesitará em elogiar e incentivar. Ele precisa muito de afeto, e se você não atender (quase telepaticamente) às exigências dele, ele poderá se fechar em seu mundo particular. Por sorte, você gosta muito de conversar, o que encorajará o seu filho a se abrir para o mundo real, sem deixar de lado as fantasias dele.

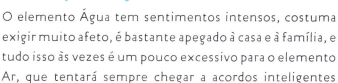

Combinação Ar/Água:

O elemento Água tem sentimentos intensos, costuma exigir muito afeto, é bastante apegado à casa e à família, e tudo isso às vezes é um pouco excessivo para o elemento Ar, que tentará sempre chegar a acordos inteligentes com o seu filho.

Se você é de Câncer

Você é a grande mãe do zodíaco. A família é a coisa mais importante para você. É um tanto possessiva e controladora, mas também muito dedicada ao seu filho e a toda a família. Você é como um porto seguro, sempre presente para o que o seu filho possa precisar. Talvez você seja um pouco rígida, impondo muita disciplina, e como, além disso, você tem uma memória prodigiosa, é difícil que deixe escapar as coisas ou que tentem bajulá-la. Mas você pode ter altos e baixos na sua disposição de ânimo, pode passar do bom humor ao mau humor em um piscar de olhos, o que talvez afete o seu filho ou faça com que ele não consiga compreendê-la inteiramente, conforme o signo dele.

Você ensina naturalmente o seu filho a ter sensibilidade, a desenvolver dons artísticos, a gostar de todo mundo da mesma maneira, a ter ambição e a conseguir o que quer sem pisar em ninguém.

Você se dará perfeitamente bem com o seu filho de Peixes, que está entre os mais sensíveis e intuitivos do zodíaco. Vocês se entendem profundamente, e com apenas um olhar dizem tudo um para o outro. Você sabe cuidar de seu filho e lhe dar carinho, estimula o lado artístico dele, por meio do qual ele dará o melhor de si. Raramente você o verá dar um chilique que não seja, por algum motivo, justificado.

Combinação Água/Água:

Os dois elementos são iguais, têm os mesmos gostos, pensam a mesma coisa e se querem e se admiram intensamente. Foram feitos um para o outro, embora cada um goste de ter razão e impor suas próprias normas, e isso pode gerar algum conflito.

Se você é de Leão

Você é carinhosa, tem paixão pelo seu filho e o cobre de cuidados e atenção. Porém você tem uma personalidade muito forte e é autoritária; espera muito do seu filho e pode ser um pouco opressiva com ele. É exigente e controladora, não deixa passar nada, mas às vezes é muito afetuosa e o defende com unhas e dentes. Você impõe muita ordem e disciplina, mas é generosa. É criativa e certamente tem um *hobby* que vai compartilhar com o seu filho. Além disso, você adora se divertir. Você se cuida muito porque gosta de estar magnífica, e o seu filho assimilará isso, frequentemente disputando o banheiro com você.

Você ensina naturalmente o seu filho a se valorizar, a defender os seus valores e ele próprio, a ser autossuficiente e a estimular e desenvolver a criatividade.

O seu filho é hipersensível e muito amoroso, gosta de ser mimado e protegido. Porém você não deve superprotegê-lo, mas sim proporcionar-lhe uma base sólida. Você sabe transmitir a ele os seus dons criativos e transformá-lo em um pequeno grande artista. Os altos e baixos dele a deixam enfurecida, mas, se você se mostrar irritada, ele se fechará em seu mundo e em suas próprias fantasias, e você terá dificuldade em trazê-lo para o lado de fora.

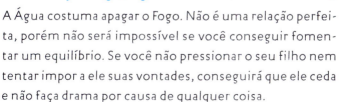

Combinação Fogo/Água:

A Água costuma apagar o Fogo. Não é uma relação perfeita, porém não será impossível se você conseguir fomentar um equilíbrio. Se você não pressionar o seu filho nem tentar impor a ele suas vontades, conseguirá que ele ceda e não faça drama por causa de qualquer coisa.

Se você é de Virgem

Você é prática, organizada e metódica, embora, às vezes, muito nervosa e excessivamente preocupada com detalhes, o que o seu filho certamente não entende. No que depender de você, nunca faltará nada ao seu filho, porque você é detalhista e observadora. No entanto você não tolerará um mínimo de desordem ou de sujeira.

Você é esforçada, não para quieta um instante e não costuma suportar ver o seu filho parado ou divagando. Em virtude de sua tendência para o perfeccionismo, você pode ser bastante crítica com ele. Entretanto, ao mesmo tempo, você se justifica e se responsabiliza por todos os problemas e sente culpa, porque costuma estar sempre receosa de que possa acontecer algo com ele.

Você ensina naturalmente o seu filho a ser organizado, a prestar atenção aos detalhes, a ter bom senso, a desenvolver o amor pela natureza e a se cuidar de uma maneira saudável.

O seu filho é sensível e fantasioso, perde-se em mundos imaginários e adora divagar, o que você não tolera bem quando se torna uma coisa constante. Você não gosta de perder tempo, mas sabe deixar que o seu filho se entregue aos momentos de sonho dele, porque lhe fazem muito bem. No entanto a desordem e certo caos nunca o abandonam, e é aí que você saberá aplicar a sua metodologia tão virginiana.

Combinação Terra/Água:

Combinação de grande compatibilidade. Vocês têm gostos parecidos e, mesmo com algumas divergências, se complementam bem. O elemento Água pode ser extremamente dominante, algo que a mãe do signo de Terra sabe controlar sem ficar desesperada, como acontece com outros elementos.

Se você é de Libra

Você é refinada e cuidadosa, compreensiva, doce, porém firme. Você pode, às vezes, fazer ameaças verbalmente, mas não costuma pôr em prática os castigos, porque é do tipo que sempre oferece uma segunda oportunidade. Você procura compreender e ajudar em tudo o seu filho, porém muitas vezes você acredita ter razão e se torna inflexível. No entanto você não suporta brigas; prefere chegar a um acordo e fazer as pazes ou negociar. Acima de tudo, você procura a harmonia, quer que seu filho esteja bem cuidado, saiba que é amado e tenha uma esplêndida educação. Também é importante para você que o seu filho ande bem arrumado.

Você ensina naturalmente ao seu filho a arte da diplomacia, lhe ensina a desenvolver um forte sentido de justiça, sociabilidade, elegância, amor pelas artes e pelas ciências.

O seu filho pisciano tem insuperáveis dons artísticos, é fantasioso e você sabe acompanhá-lo e estimular a criatividade dele, ao mesmo tempo que ele incentiva a sua. A relação será terna e afetuosa, apesar de alguns altos e baixos, porque essa criança tem muita dificuldade em seguir rotinas e obrigações, algo que, realmente, também é um pouco difícil para você. No entanto você conseguirá controlar esse pequeno caos.

Combinação Ar/Água:
Essa combinação de elementos pode ser difícil de conduzir. A mãe do signo de Ar precisa de muita paciência e flexibilidade para lidar e controlar o caráter um tanto extraordinário e complicado da criança de Água. Conversar muito beneficiará a relação.

Se você é de Escorpião

Você é criativa, comunicativa e muito divertida. No entanto, não permite que discutam as suas regras. Nisso, você é muito rígida e rigorosa, embora seja muito generosa e dedicada ao seu filho. Cuida dele e o protege como ninguém, embora tente ensiná-lo a se defender e enfrentar sozinho os problemas que encontrar.

Você é exigente com os estudos dele e não suporta fraquezas. Percebe na hora quando o seu filho está passando por alguma dificuldade e corre para ajudá-lo. Você lhe ensinará muito bem como enfrentar os problemas. Alterna períodos de tranquilidade com outros de irritabilidade, o que seu filho talvez não entenda.

Você ensina naturalmente o seu filho a desenvolver o poder de convicção, ter domínio das emoções, a seguir as próprias regras e a não deixar que pisem nele.

Você sabe instintivamente o que o seu filho precisa e pensa nele a todo instante, e verá que o inverso também é verdadeiro. Você o ensinará a proteger a si mesmo e a não se deixar arrastar pelas emoções, porém, acima de tudo, ele precisa de um ambiente harmonioso, sem uma disciplina muito rígida. Além disso, você deve deixá-lo sonhar de vez em quando. Ele precisa crescer com fantasias e mundos mágicos, e você tem facilidade para criar mundos assim.

Combinação Água/Água:

Dois elementos de Água compartilham o dobro de carinho e entendimento. Precisam demonstrar constantemente sentimentos um para o outro e, com certa frequência, a criança do elemento Água tenderá a chamar atenção de uma maneira bastante barulhenta. Os escândalos serão frequentes.

Se você é de Sagitário

Você é aberta, compreensiva, sincera e íntegra. Talvez um pouco exagerada e distraída, e com tendência a dar muitos conselhos, mas é muito afetuosa e carinhosa. Sempre diz o que pensa, talvez com excessiva franqueza, algo que você deverá controlar para não magoar o seu filho. É muito brincalhona e costuma estar de bom humor, embora às vezes tenha alguns ataques de raiva. Com certeza, você fala mais de dois idiomas e adora viajar, algo que você vai estimular no seu filho, o que conferirá a ele muita liberdade, cultura e um senso ético e moral bastante sólido.

Você ensina naturalmente o seu filho a acreditar nos ideais dele, a formar uma ética e uma moral humanitária, a rir de si mesmo e desfrutar a vida.

O seu filho pisciano é muito amoroso e intuitivo e precisa de afeto e segurança o tempo todo, algo que você tem dificuldade em oferecer continuamente. Como o seu filho é efusivo, ele sempre lembrará a você a dose diária de mimos dele, de modo que com isso você não precisa se preocupar. A sua grande amplitude de propósitos expandirá a criatividade e o espírito artístico dele. O caráter de ambos é instável e vocês às vezes seguem ritmos distintos.

Combinação Fogo/Água:

Não são, em princípio, elementos compatíveis, mas a união será profunda. Talvez a mãe do elemento Fogo seja excessivamente independente e individualista, algo que a criança de Água não tolerará muito bem, porque esta precisa de afeto e de que estejam constantemente "atrás dela". O amor e o carinho são o ponto forte com ela.

Se você é de Capricórnio

Você é exigente com o seu filho, mas também é muito carinhosa; obstinada, porém terna. Parece que não descansa nunca; você se levanta bem cedo e vai dormir tarde, para que nada falte a ele em nenhum momento. Você é um porto seguro para o seu filho, é muito responsável e habitualmente parece preocupada com tudo. Espera muito do seu filho, já que você mesma é bem-sucedida e brilhante, planejadora e muito detalhista. Não costuma tolerar fraquezas e nem a desobediência. Além disso, você tem paciência e astúcia para conseguir o que quer. Você costuma desconfiar muito das companhias do seu filho.

Você ensina naturalmente ao seu filho como se defender e também a arte da paciência, da autodisciplina e, principalmente, que ele precisa unir a obrigação com o bom humor.

Você e o seu filho sensível se entendem quase telepaticamente. Você sabe proporcionar a ele calor e segurança, embora o seu filho precise ainda de doses infinitas de afeto e carinho. Com o seu forte senso de dever e bom senso, você o ajudará a se conectar com o mundo real, porque você já terá notado que ele é muito imaginativo e fantasioso. Ele adora que você lhe conte histórias e o encha de mimos antes de dormir.

Combinação Terra/Água:

É uma excelente combinação. A mãe do signo de Terra sabe acalmar e transmitir estabilidade, firmeza e muito amor para o seu inconstante filho do elemento Água, que costuma mudar incessantemente graças à sua infinita curiosidade e porque nunca parece terminar o que começa.

Se você é de Aquário

Você é amável e brincalhona, carinhosa e amigável, mas, embora pareça muito livre e tolerante, no fundo, você é bastante rígida; sempre quer saber o que se passa na cabeça do seu filho. Ele pode falar a respeito de tudo com você sem reservas, e você sempre está disponível para brincar. Você não é excessivamente protetora nem dominadora, mas está sempre atenta para que não falte nada ao seu filho, sem se estressar. Você é compreensiva e costuma ver o lado bom de todas as coisas, inclusive de uma travessura. Dará ao seu filho valores culturais, éticos, artísticos e, acima de tudo, humanos e humorísticos.

Você passa naturalmente ao seu filho valores como a amizade, a justiça social e a liberdade, desenvolve a criatividade inata dele e o ensina a ser independente.

O pisciano precisa de muito amor e de um ambiente tranquilo e íntimo. Você, sendo de Aquário, pode ter alguma dificuldade para expressar o tempo todo o seu afeto. Você acha que um pouco é suficiente, mas com o seu filho você aprenderá a esbanjar carinho sem cessar. Você sabe estimular os dons artísticos dele e incentivá-lo a seguir os seus sonhos. Ele é uma criança bastante fantasiosa, mas você pode ser muito mais ainda, e com isso os mundos mágicos estão garantidos.

Combinação Ar/Água:

A criança do signo de Água é muito amorosa, bastante sensível e criativa, embora seja também muito dispersa, volúvel e instável, algo que a mãe do elemento Ar também é. Consequentemente, você conseguirá compreendê-la quando os seus ritmos coincidirem, o que acontecerá com bastante frequência.

Se você é de Peixes

Você é muito generosa e dedicada ao seu filho, pouco disciplinadora e bastante carinhosa e compreensiva. Você se entrega completamente ao seu filho, mas deixa que ele faça o que tem vontade; você não o monopoliza e nem costuma reprimi-lo. Você tem uma imaginação poderosa e certamente se dedica a uma atividade artística, por isso costuma incentivar a criatividade do seu filho. Você não costuma discutir porque acha isso detestável. No entanto você passa rapidamente da alegria à apatia, o que o seu filho, às vezes, não consegue entender. Você estimulará nele a sensibilidade, o senso crítico e humano e a capacidade de sonhar.

Você ensina naturalmente o seu filho a ser sensível, a usar sem medo a intuição, e estimula a criatividade e os dons artísticos dele.

Você e o seu filho se entendem com perfeição, de uma maneira intuitiva e quase telepática. Vocês dois são amáveis, sensíveis e afetuosos e trocam mimos e abraços o tempo todo. Você deve criar algumas rotinas e impor certa disciplina para que vocês não se dispersem e passem o tempo todo falando, imaginando e brincando. Você deve pôr de vez em quando os pés no chão e criar rotinas.

Combinação Água/Água:

A compreensão, o amor e a empatia entre ambos serão mútuos e essa relação será algo natural e fácil. A criança do signo de Água, no entanto, pode às vezes se mostrar insegura e tentar chamar atenção inventando histórias para ter certeza de que a sua mãe continuará ali.

Como é o seu filho pisciano de acordo com o horóscopo chinês

A astrologia chinesa leva em conta a Lua para elaborar o horóscopo (e não o Sol, como é o caso do horóscopo ocidental). Em vez de dividir o ano entre doze signos, os chineses usam um signo para cada ano. Em outras palavras, cada ano é regido por um animal que influencia fortemente o nosso caráter e o nosso destino. O ano chinês começa na primeira Lua Nova do ano (quando a Lua não aparece no céu).

Além de um animal, cada pessoa tem um elemento que lhe é associado. Os elementos são em número de cinco: Madeira, Fogo, Terra, Metal e Água. O Metal é poderoso e confere firmeza de caráter e força de vontade. A Água é sensível e outorga a desenvoltura da palavra. A Madeira proporciona criatividade e realismo. O Fogo confere dinamismo e impulso. E a Terra proporciona um caráter estável e prático.

Se o seu pisciano é de Rato...

A criança nascida sob o signo do Rato tem um encanto natural, é esperta, inquieta, muito vivaz, dinâmica, ardilosa e bastante inteligente. Tem inclinação para as artes, a literatura e os esportes. Normalmente é tranquila e alegre, mas se irrita com muita facilidade e fica zangada quando não consegue o que quer, embora, por sorte, os chiliques logo passem.

À medida que você a vir crescer, notará também que ela irá adquirir certa capacidade de liderança e autoridade em um grupo. Na verdade, ela faz amigos com facilidade. Tem o poder de convicção e gosta de desafios; além disso, sabe escapar dos problemas com enorme facilidade.

Ela é comunicativa por natureza, grande oradora, às vezes tem a língua afiada. Costuma conseguir o que deseja graças ao seu dom da palavra. É afetuosa e passional e tem uma grande capacidade de aprendizagem e ânsia de saber. A sua mente é hiperativa.

É uma crítica genial e mordaz, mas tem muitas manias. Essa criança é dominada pela impaciência e é difícil para ela se adaptar ao ritmo lento dos demais por causa de sua grande rapidez nos reflexos físicos e mentais.

- Aspectos positivos: é alegre, amável, vivaz e generosa.
- Aspectos negativos: é fofoqueira e hiperativa.
- Compatibilidade: o Rato é compatível com o Boi, o Dragão e o Macaco, e nem tanto com a Cabra e o Javali.

> **O seu filho é de Rato se nasceu ou vai nascer nas seguintes datas:**
>
> ▷ De 19 de fevereiro de 1996 a 6 de fevereiro de 1997: Rato de Fogo.
>
> ▷ De 7 de fevereiro de 2008 a 25 de janeiro de 2009: Rato de Terra.
>
> ▷ De 24 de janeiro de 2020 a 10 de fevereiro de 2021: Rato de Metal.

Se o seu pisciano é de Boi...

A criança nascida sob o signo do Boi é sociável, tranquila, dócil, carinhosa e paciente, e também um pouco tímida com pessoas que não conhece bem. No entanto, uma vez que adquire confiança, ela logo fica à vontade, e como!

A sua natureza é despreocupada e, embora seja cumpridora dos seus deveres, no fundo é bastante comodista. Ela ama a boa vida e, apesar do seu caráter aprazível, costuma ter explosões de raiva (ou permanecer firme em sua opinião) quando não gosta de alguma coisa. Acima de tudo, precisa que a deixem tranquila para que possa fazer as coisas do seu jeito sem que a incomodem.

Você ficará surpresa com o seu espírito independente, firme e determinado. Ela gosta de mandar, mas é amável no tratamento às pessoas. Sabe se distrair sozinha e é bastante segura de si mesma. Além disso, é uma criança muito criativa, que aceitará de bom grado ou pedirá jogos de construção, de maquetes ou que envolvam a arte e a música. Enfim, tudo aquilo que possa enriquecer os seus cinco sentidos!

Ela gosta de bater papo, porém não é amiga de discussões ou polêmicas, as quais ouve, mas prefere guardar silêncio em relação a elas. Não tolera bem o estresse ou as mudanças bruscas.

- Aspectos positivos: é amável, confiável e sensata.
- Aspectos negativos: é teimosa e obstinada.
- Compatibilidade: se dá muito bem com o Rato, a Serpente e o Galo, e nem tanto com o Dragão, o Cavalo, a Cabra e o Coelho.

O seu filho é de Boi se nasceu ou vai nascer nas seguintes datas:

- De 7 de fevereiro de 1997 a 28 de janeiro de 1998: Boi de Fogo.
- De 26 de janeiro de 2009 a 13 de fevereiro de 2010: Boi de Terra.
- De 11 de fevereiro de 2021 a 31 de janeiro de 2022: Boi de Metal.

Se o seu pisciano é de Tigre...

A criança nascida sob o signo do Tigre é muito ativa, direta e franca, batalhadora, aventureira, pouco amante da disciplina e da ordem, e não tolera injustiças (na sua concepção particular do bem e do mal). No entanto, por outro lado, é divertida, alegre, carinhosa, brincalhona, curiosa e passional.

Adora os desafios e os jogos de competição, e não gosta de perder. É incansável e precisa de liberdade de ação para explorar ou levar a cabo a ideia seguinte que lhe surja na cabeça (caso contrário, reclamará).

É rebelde e um pouco irritável porque se estressa com facilidade. Quando alguma coisa a contraria, ela se torna muito agressiva e fica na defensiva, sendo capaz de dar chiliques terríveis. Não tolera bem as ordens, mas gosta de dá-las.

Essa criança sabe se fazer respeitar devido ao seu magnetismo e seu ar de nobreza, além de ter uma grande capacidade de fazer amigos. É participativa e comunicativa, embora seja muito direta – ela vai diretamente ao ponto e diz tudo o que pensa. É teimosa, mas nem um pouco rancorosa.

- Aspectos positivos: é valente, leal, inteligente e persistente.
- Aspectos negativos: tende a não respeitar as normas, é orgulhosa.
- Compatibilidade: o Tigre se dá bem com o Cão, o Cavalo e o Javali. Tem algumas dificuldades com a Cabra e o Macaco.

O seu filho é de Tigre se nasceu ou vai nascer nas seguintes datas:

▷ De 29 de janeiro de 1998 a 15 de fevereiro de 1999: Tigre de Terra.

▷ De 14 de fevereiro de 2010 a 2 de fevereiro de 2011: Tigre de Metal.

▷ De 10 de fevereiro de 2022 a 20 de janeiro de 2023: Tigre de Água.

Se o seu pisciano é de Coelho...

A criança nascida sob o signo do Coelho é um poço de paz, busca sempre a harmonia (até que, com certeza, explode, e da pior maneira possível). Ela não gosta de surpresas nem de corre-corres, já que a tensão a deixa nervosa e ela pode se distanciar da realidade, submergindo no seu mundo à espera de que as coisas se resolvam sozinhas. É uma criança sociável, com talento artístico, muito fantasiosa. Adora entreter a família e os amigos.

Desde bebê, a criança de Coelho pode chorar muito e ser bastante apegada à mãe. Ela precisa e pede, aos gritos, a estabilidade e um ambiente harmonioso, assim como algumas rotinas. É uma criança extremamente sensível e carinhosa, muito tranquila, feliz e falante. Ao mesmo tempo hábil, sagaz e presunçosa, ela sabe se impor, embora seja de natureza prudente e tenha dificuldade em tomar decisões.

Ela se preocupa muito com as outras pessoas, é compreensiva e muito boa conselheira; sempre estará disposta a ajudar e escutar. Ela é como uma pequena ONG ambulante, muito bondosa, e você precisa ensiná-la a não ser ingênua.

Ela é muito autocrítica e tem dificuldade em aceitar os erros, tanto os próprios quanto os dos outros.

- ASPECTOS POSITIVOS: é divertida, carinhosa, brilhante e confiável.
- ASPECTOS NEGATIVOS: é crítica e rancorosa.
- COMPATIBILIDADE: o Coelho se dá bem com a Cabra, a Serpente e o Javali. Ele tem certa dificuldade para se relacionar com o Rato e o Galo.

O seu filho é de Coelho se nasceu ou vai nascer nas seguintes datas:

▷ De 16 de fevereiro de 1999 a 5 de fevereiro de 2000: Coelho de Terra.

▷ De 3 de fevereiro de 2011 a 22 de janeiro de 2012: Coelho de Metal.

▷ De 21 de janeiro de 2023 a 8 de fevereiro de 2024: Coelho de Água.

Se o seu pisciano é de Dragão...

A criança nascida sob o signo do Dragão é muito vivaz, impetuosa, inteligente e tem uma personalidade forte desde pequena, além de ser muito orgulhosa. Ela possui uma grande capacidade de liderança, bem como dons artísticos. De um modo geral, sabe conseguir o que quer graças às suas grandes habilidades sociais e porque é divertida, criativa e surpreendente.

A sua grande imaginação a leva, às vezes, a querer ficar sozinha para poder sonhar acordada. Não raro, ela dará a impressão de ter vindo de outro planeta. Ela própria costuma se sentir diferente das outras crianças.

Não suporta bem as rotinas, é uma criança escandalosa e inquieta, que poderia muito bem ser o rebelde da escola, embora, devido à sua grande ingenuidade, acabe sempre sendo perdoada, já que nunca age de má--fé. Ela é direta e segue em frente com a verdade, embora queira ter sempre razão. Apesar da sua natureza independente (praticamente desde o berço), ela se adapta a todos os tipos de ambiente e tende a se mostrar exatamente como é.

- Aspectos positivos: é íntegra, enérgica, resistente, leal e protetora.
- Aspectos negativos: adora chamar a atenção de qualquer jeito.
- Compatibilidade: o Dragão se dá bem com a Serpente, o Macaco e o Galo. No entanto, tem dificuldades em se relacionar com o Javali e o Cão.

> **O seu filho é de Dragão se nasceu ou vai nascer nas seguintes datas:**
>
> ▹ De 6 de fevereiro de 2000 a 24 de janeiro de 2001: Dragão de Metal.
>
> ▹ De 23 de janeiro de 2012 a 9 de fevereiro de 2013: Dragão de Água.
>
> ▹ De 9 de fevereiro de 2024 a 28 de janeiro de 2025: Dragão de Madeira.

Se o seu pisciano é de Serpente...

A criança nascida sob o signo da Serpente é sensível, sedutora, intuitiva, muito vivaz e parece ter uma sabedoria inata. De fato, ela sempre pergunta os porquês de tudo e adora investigar e analisar todas as coisas, com bastante empenho. A sua curiosidade não tem limites, e ela possui um humor mordaz. Com poucas palavras, ela diz tudo.

Ela quer fazer as coisas do jeito dela, e por isso costuma escolher cuidadosamente os amigos. Só se cercará daqueles que realmente valham a pena. É um pouco desconfiada, porém muito astuciosa, tendo uma espécie de sexto sentido bastante desenvolvido.

Ela parece tranquila por fora, mas é muito agitada por dentro. Não gosta de sobressaltos, embora se adapte às mudanças, depois do faniquito habitual. É amante da ordem e exigente.

É um pouco rancorosa e pode ter um ataque de raiva com a pessoa que lhe cause um mínimo transtorno. Se não gosta de alguma coisa, não se deixará convencer de jeito nenhum, e se você insistir, ela explodirá violentamente. Ela tem muita força de vontade com relação àquilo que deseja.

- Aspectos positivos: é esperta e tem ideias claras, é autoconfiante e persistente.
- Aspectos negativos: não suporta falhar, é ciumenta.
- Compatibilidade: a Serpente se dá às mil maravilhas com o Coelho, o Galo e o Dragão. Não chega a se entender bem com o Cão e o Tigre.

O seu filho é de Serpente se nasceu ou vai nascer nas seguintes datas:

> De 25 de janeiro de 2001 a 11 de fevereiro de 2002: Serpente de Metal.

> De 10 de fevereiro de 2013 a 20 de janeiro de 2014: Serpente de Água.

> De 29 de janeiro de 2025 a 16 de fevereiro de 2026: Serpente de Madeira.

Se o seu pisciano é de Cavalo...

A criança nascida sob o signo do Cavalo é muito tagarela desde bebê. É aberta, brincalhona, e precisa ter um grupo de amigos e permanecer ativa o tempo todo.

Ela é sincera, independente e espontânea, sabe se impor e costuma alcançar todos os seus propósitos, embora se distraia com facilidade. Quando algo a contraria, ela tem uns chiliques espetaculares. Quando perde a cabeça, ela se transforma em uma pessoa com pouca tendência a refletir; se mostra impetuosa e faz de tudo para conseguir o que deseja, embora sem nenhuma má intenção.

Ela luta pelo que quer e combate o que considera injusto, de modo que batalhas de todos os tipos estão garantidas. Ela adora estar envolvida em qualquer assunto e também gosta de oferecer a sua colaboração e atuar como mediadora em discussões alheias.

Além disso, ela gosta de se fazer notar, e o seu caráter agradável e a sua grande simpatia a tornam bastante popular. A sua facilidade com as palavras é extraordinária, mas não tem a mesma facilidade com relação à capacidade de escutar, pois costuma perder a paciência.

- Aspectos positivos: é popular, alegre, inventiva, tem reflexos rápidos.
- Aspectos negativos: é impetuosa e impaciente.
- Compatibilidade: o Cavalo se dá bem com o Tigre, a Cabra e o Cão. No entanto, tem menos afinidade com o Javali e o Boi.

O seu filho é de Cavalo se nasceu ou vai nascer nas seguintes datas:

> De 27 de janeiro de 1990 a 14 de fevereiro de 1991: Cavalo de Metal.

> De 12 de fevereiro de 2002 a 31 de janeiro de 2003: Cavalo de Água.

> De 31 de janeiro de 2014 a 18 de fevereiro de 2015: Cavalo de Madeira.

Se o seu pisciano é de Cabra...

A criança nascida sob o signo da Cabra é tranquila, tolerante, carinhosa, criativa e tem certo ar fantasioso, graças à sua grande imaginação. Na realidade, ela possui um talento artístico extraordinário, bem como uma grande vontade de ajudar e ser útil. É uma criança hipersensível, que chora e se queixa por qualquer coisa, certamente preocupada com assuntos que não têm a menor importância para você.

Ela tem certo ar independente, não lhe incomoda ficar sozinha porque sabe se entreter perfeitamente. Não tolera bem os tumultos nem a pressão, e, sendo este o caso, ela sempre foge ou arma um circo. Ela pode ter dificuldade para se expressar e talvez exploda no momento menos esperado por ter aguentado demais.

Tem uma grande capacidade de compreensão, e por esse motivo costuma estar rodeada de muitos amigos, apesar de ser normalmente tímida a princípio. Ela precisa de contínuas demonstrações de carinho, porque só assim consegue se abrir. Não tolera bem as rotinas, a pressão ou as críticas, e também não gosta de conflitos; prefere a resistência passiva e os silêncios inquietantes.

- Aspectos positivos: é generosa, amável e discreta.
- Aspectos negativos: é mandona e indecisa.
- Compatibilidade: a Cabra costuma se relacionar bem com o Coelho, o Cavalo e o Javali, mas tem dificuldade para se entender com o Rato, o Boi e o Cão.

O seu filho é de Cabra se nasceu ou vai nascer nas seguintes datas:

▷ De 15 de fevereiro de 1991 a 3 de fevereiro de 1992: Cabra de Metal.

▷ De 10 de fevereiro de 2003 a 20 de janeiro de 2004: Cabra de Água.

▷ De 19 de fevereiro de 2015 a 7 de janeiro de 2016: Cabra de Madeira.

Se o seu pisciano é de Macaco...

A criança nascida sob o signo do Macaco é sociável, compreensiva, curiosa, ágil, criativa e sabe conseguir o que deseja. É uma grande pensadora, amante da boa vida, independente, tem muita imaginação e um eterno senso de humor.

Tem facilidade para convencer as outras pessoas e também para resolver problemas graças ao seu talento e à sua habilidade para captar detalhes que os outros não percebem.

Sempre estenderá a mão a todos os que lhe parecerem precisar de ajuda, embora possa se meter onde não é chamada. Com frequência, não consegue parar quieta, e a curiosidade pode lhe causar vários inconvenientes. Ela capta e processa informações com extrema velocidade.

O seu ar inquieto, encantador e divertido faz com que ela conquiste as pessoas e as atraia para o seu terreno. É muito insolente e brincalhona; adapta-se sem dificuldade a qualquer ambiente; é camaleônica e um pouco atriz. Adora pregar peças e fazer travessuras, e quanto mais você a repreende, mais traquinices ela inventa.

- Aspectos positivos: tem reflexos rápidos, é divertida, criativa, tem grande capacidade de memória.
- Aspectos negativos: tende a fazer fofocas, sofre de falta de concentração.
- Compatibilidade: o Macaco se dá bem com o Boi, o Coelho e a Serpente. Tem problemas de comunicação com o Tigre e o Galo.

O seu filho é de Macaco se nasceu ou vai nascer nas seguintes datas:

▷ De 4 de fevereiro de 1992 a 22 de janeiro de 1993: Macaco de Água.

▷ De 21 de janeiro de 2004 a 7 de fevereiro de 2005: Macaco de Madeira.

▷ De 8 de fevereiro de 2016 a 27 de janeiro de 2017: Macaco de Fogo.

Se o seu pisciano é de Galo...

A criança nascida sob o signo do Galo tem um encanto natural, um excelente senso de humor, é comunicativa, alegre e muito expressiva. Ela gosta de ser vista. É um tanto orgulhosa e tem dificuldade em ceder, mas é fácil lidar com ela. Ela adora compartilhar tudo e sabe conquistar a simpatia das pessoas, embora às vezes se comporte de uma maneira brusca com quem não concorda com as suas ideias.

É tranquila, sensata, alerta e curiosa, embora também seja muito sonhadora. Acima de tudo, ela ama a boa vida, mas ao mesmo é muito esforçada. Adora aprender coisas novas, mas, se estas não atraem o seu interesse, ela fica extremamente entediada ou se rebela diante delas. Ela pode se dispersar ou falar demais, ser muito direta e perder a diplomacia.

Ela interage com facilidade com as outras crianças e é muito complacente com todo mundo em geral porque é amável, sincera e escrupulosa. Tem grande capacidade de concentração e às vezes parece que analisa as pessoas através de raios X.

Não gosta de encrencas e prefere seguir as normas. Sabe analisar e resolver todo tipo de problema graças ao seu espírito prático e lógico.

- Aspectos positivos: é atenta, tem ideias profundas e comunica-se bem.
- Aspectos negativos: é desconfiada e egoísta.
- Compatibilidade: o Galo se relaciona bem com o Tigre, o Dragão e a Cabra. No entanto, não se dá tão bem com a Serpente, o Coelho e o Cão.

> O seu filho é de Galo se nasceu ou vai nascer nas seguintes datas:
>
> ▷ De 23 de janeiro de 1993 a 9 de fevereiro de 1994: Galo de Água.
>
> ▷ De 8 de fevereiro de 2005 a 28 de janeiro de 2006: Galo de Madeira.
>
> ▷ De 28 de janeiro de 2017 a 14 de fevereiro de 2018: Galo de Fogo.

Se o seu pisciano é de Cão...

A criança nascida sob o signo do Cão é muito sociável, intuitiva, inquieta, vaidosa, sabe dialogar e se mostrar coerente desde bem pequena. Sabe saltar em defesa de situações que considera injustas. Gosta que todo mundo se sinta bem e adora fazer brincadeiras.

Gosta de agradar os outros e entretê-los. Mesmo assim, o seu caráter não é fácil. É despreocupada, porém muito teimosa; quando coloca uma coisa na cabeça, faz o impossível (e inimaginável) para conseguir o que quer. Costuma ter acessos de raiva muito fortes por causa da sua teimosia, mas é uma criança que escuta a razão e a lógica.

Ela é muito instintiva e é uma boa organizadora. Tem o espírito altruísta e generoso, está sempre disposta a estender a mão para defender os amigos, os quais são muito importantes para ela. É confiável e sabe o que quer, embora às vezes se preocupe com assuntos sem importância. Não sabe mentir e tampouco faz uso de rodeios.

É muito criativa e consegue se entreter horas a fio, sabendo inclusive inventar as próprias brincadeiras.

- Aspectos positivos: é leal, aprende com rapidez e tem muita iniciativa.
- Aspectos negativos: é intransigente e obstinada.
- Compatibilidade: o Cão se dá bem com o Cavalo, o Boi e o Macaco. Entretanto, não consegue se relacionar bem com o Dragão e a Cabra.

O seu filho é de Cão se nasceu ou se vai nascer nas seguintes datas:

⇾ De 10 de fevereiro de 1994 a 30 de janeiro de 1995: Cão de Madeira.

⇾ De 29 de janeiro de 2006 a 16 de fevereiro de 2007: Cão de Fogo.

⇾ De 15 de fevereiro de 2018 a 3 de janeiro de 2019: Cão de Terra.

Se o seu pisciano é de Javali...

A criança nascida sob o signo do Javali é sincera e bondosa e tem muito senso de humor. Ela pega as coisas no ar, embora você tenha a impressão, em um primeiro momento, de estar falando com uma parede. Ela precisa brincar o tempo todo, é caseira e não gosta muito de multidões.

Ela não tem dificuldade para se socializar; é apenas um pouco tímida no início, mas se dá bem com todo mundo e sempre estende a mão à primeira pessoa triste que encontra. Por isso mesmo, por ela confiar muito nas pessoas, é preciso ensinar-lhe que nem todo mundo tem boas intenções.

É apaixonada por música e por boa comida. Pode comer sem parar, portanto é preciso impor alguns limites quanto a isso.

Ela é bastante indecisa e ingênua, mas avança sempre com a verdade. Tem dificuldade para mudar e reflete demais sobre as coisas, com frequência perdendo oportunidades. É respeitosa e pacífica, não gosta de brigas e tende a evitar as confrontações. Não tolera bem as discussões e sempre procura fazer com que todo mundo se reconcilie. Além do mais, ela sabe como conseguir isso. Na verdade, ela sempre costuma conseguir o que quer.

- Aspectos positivos: é inteligente, sincera, corajosa, popular e amável.
- Aspectos negativos: é desligada e obstinada.
- Compatibilidade: o Javali se dá bem com a Cabra, o Coelho e o Cão. Tem pouca afinidade com a Serpente e o Rato.

O seu filho é de Javali se nasceu ou vai nascer nas seguintes datas:

▹ De 31 de janeiro de 1995 a 18 de fevereiro de 1996: Javali de Madeira.

▹ De 17 de fevereiro de 2007 a 6 de fevereiro de 2008: Javali de Fogo.

▹ De 4 de janeiro de 2019 a 23 de janeiro de 2020: Javali de Terra.

Impressão e Acabamento:
Vallilo Gráfica e Editora
graficavallilo.com.br | 11 3208-5284